Das Ultimative Katzenbuch für Kids

BELLANOVA

MELBOURNE · SOFIA · BERLIN

Copyright © 2023 by Jenny Kellett
Cover image Photo by Tobi from Pexels
www.bellanovabooks.com

Alle Rechte vorbehalten. Kein Teil dieses Buches darf ohne schriftliche Genehmigung des Autors in irgendeiner Form elektronisch oder mechanisch vervielfältigt werden, auch nicht durch Fotokopieren oder Aufzeichnungen.
Alle Fakten gelten als korrekt und stammen aus seriösen Quellen.

ISBN: 978-619-264-060-6
Imprint: Bellanova Books

INHALT

Vorwort 4

Einleitung 6

Katzen Fakten 8

Katzen-Quiz 70

Quiz Antworten 75

Wortsuche Puzzle 76

Lösung 78

Quellen 79

VORWORT

Danke, dass du unser neuestes Buch gekauft hast. Als lebenslange Katzenliebhaber hatten wir so viel Spaß beim Recherchieren und Schreiben dieses Buches. Wir hoffen, dass du es gerne liest!

Wir widmen dieses Buch unseren 2 Katzen Lulu und Panda, welche uns so viel Freude bescheren.

Unsere Katzen Lulu und Panda.

EINLEITUNG

Es ist schwer, Katzen nicht zu lieben. In der Tat haben 2 von 3 Familien in Deutschland mindestens eine Katze!

Aber wie viel weißt du wirklich über Katzen?

In diesem Buch erfährst du über 100 erstaunliche Fakten über das beliebteste Haustier in Deutschland. Von der haarlosen Sphinx-Katze bis zur Internet-Berühmtheit "Grumpy Cat", wirst du in kürzester Zeit ein Katzen-Experte sein!

Bist du bereit? *Los geht's!*

Eine Russisch Blau.

KATZEN Fakten

Die Nase einer Katze hat ein einzigartiges, geriffeltes Muster, genau wie ein menschlicher Fingerabdruck.

• • •

Wenn Katzen schlechte Laune haben, schlagen sie mit dem Schwanz hin und her - es ist also eine gute Idee, sie in Ruhe zu lassen! Hunde tun dies, wenn sie glücklich sind.

• • •

Katzen verbringen etwa 30 Prozent ihrer Wach-Zeit damit, sich zu putzen.

Ein siamesisches Kätzchen.

Katzen können über 100 verschiedene Geräusche erzeugen, während Hunde nur 10 machen können.

• • •

Katzen können ihren Kiefer nicht seitwärts bewegen.

• • •

Katzen drücken oft ihre Augen zu, um zu signalisieren, dass sie glücklich sind.

Hast du dich jemals gefragt, warum es kein Katzenfutter mit Mäusegeschmack gibt? Als Wissenschaftler es testeten, mochten Katzen es nicht!

Ein Birma-Kätzchen.

Die durchschnittliche Körpertemperatur einer Katze ist wärmer als die eines Menschen, etwa 38,6 Grad Celsius.

• • •

Katzen können ihre Ohren um 180 Grad drehen.

• • •

Erwachsene Katzen haben 30 Zähne—16 auf der Oberseite, 14 auf der Unterseite.

• • •

Katzen sind sehr faul; sie schlafen etwa 16 Stunden am Tag!

Weißt du, wie alt deine Katze wirklich ist? Wenn sie 3 ist, dann ist sie in Menschenjahren 21! Wenn sie 8 ist, dann ist sie 40 in Menschenjahren.

• • •

Es wird angenommen, dass eine Katze, die auf deinem Schoß sitzt und schnurrt, dabei helfen kann, Stress abzubauen.

• • •

Katzen haben, relativ zu ihrer Größe, die größten Augen aller Säugetiere.

Katzen fressen gerne Gras, weil es ihnen hilft, ihre Nahrung zu verdauen und das Fell in ihren Mägen zu entfernen.

• • •

In circa 23% der Haushalte in Deutschland besitzen mindestens eine Katze.

• • •

Hauskatzen können bis zu 46 Kilometer pro Stunde laufen!

Eine Britisch Langhaar.

Katzen mit blauen Augen und weißem Fell sind oft taub.

• • •

Katzen benutzen ihre Schwänze, um sich selbst zu balancieren.

• • •

Katzen haben ein sehr empfindliches Gehör - empfindlicher als Menschen und Hunde.

• • •

Weibliche Katzen sind in der Regel etwa 9 Wochen trächtig, im Vergleich zu Menschen, die 9 Monate lang schwanger sind!

Eine schwarz-weiße Hauskatze. Sie werden oft „Tuxedo"-Katzen genannt!

Ein 3 Monate altes britisch Kurzhaar-Kätzchen.

Der offizielle Name für Katzenliebhaber ist **Ailurophile**! Bist du ein Ailurophiler?

• • •

Katzen schnurren nicht nur, wenn sie glücklich sind, sie können auch schnurren, wenn sie Schmerzen haben.

• • •

Wenn sich deine Katze an dir reibt, bedeutet das, dass sie dich für sich beansprucht - nimm es als Kompliment!

Eine der Lieblingsbeschäftigungen von Katzen—sich putzen.

Das ultimative Katzenbuch für Kids

Eine schottische Faltohrkatze. Beachte die gefalteten Ohren!

Katzen sind laktoseintolerant - das bedeutet, dass du ihnen keine Kuhmilch, Käse oder Schokolade geben solltest, da sie davon sehr krank werden können.

• • •

Die alten Ägypter glaubten, dass 'Bastet' der Beweger aller Katzen auf der Erde war. Sie glaubten auch, dass Katzen heilig waren.

• • •

Während ihres Lebens kann eine weibliche Katze mehr als 100 Kätzchen haben.

• • •

Sir Isaac Newton, der die Schwerkraft entdeckte, erfand auch die Katzenklappe!

Die beliebtesten Namen für Katzen in Deutschland sind Luna, Lilly, Nala, Lucy und Mia. Hast du eine Katze mit diesem Namen?

• • •

Wenn deine Katze gerne auf deinen Weihnachtsbaum klettert, versuche einen nach Zitrone oder Orange duftenden Lufterfrischer in die Zweige zu hängen - Katzen mögen diesen Geruch nicht.

• • •

Katzen sind leicht farbenblind - sie können den Unterschied zwischen Grün und Rot nicht erkennen.

Eine schottische Faltohrkatze mit langem Fell ist als Highland-Fold bekannt.

Das Sehvermögen von Katzen ist nicht so gut, um Details zu sehen - du wirst ihnen wahrscheinlich verschwommen erscheinen.

• • •

Die Augenfarbe eines Kätzchens ändert sich, wenn es älter wird.

• • •

Eine durchschnittliche Katze wiegt 5 Kilogramm. Wie viel wiegt deine?

• • •

Füttere deiner Katze niemals Hundefutter, Katzen brauchen fünfmal mehr Protein als Hunde, um gesund zu bleiben.

Diese Britisch Kurzhaar zeigt uns ihre lange Zunge.

DAS ULTIMATIVE KATZENBUCH FÜR KIDS

Katzen gibt es in den verschiedensten Farben. Diese Farben werden „Calico" genannt.

Eine Gruppe erwachsener Katzen nennt man Katzenrudel.

• • •

Katzen können keine Vegetarier sein - sie brauchen Protein aus Fleisch, um zu überleben.

• • •

Katzen gelten als übergewichtig, wenn du ihre Rippen nicht spüren kannst.

• • •

Katzen sind in der Lage, das Siebenfache ihrer eigenen Höhe zu springen.

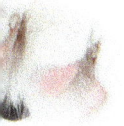

Die kleinste jemals aufgezeichnete Katze war Tinker Toy. Er wog 680,3 Gramm und war nur 7 Zentimeter groß (Schulterhöhe) und 19 Zentimeter lang.

• • •

Wenn Kätzchen geboren werden, können sie weder sehen noch hören. Ihre Augen öffnen sich im Alter von fünf Tagen und ihr Hör- und Sehvermögen ist entwickelt, wenn sie etwa zwei Wochen alt sind.

• • •

Katzen lieben es von laufendem Wasser zu trinken.

Eine Katze, die ihre Kätzchen füttert.

Eine American curl.

Der normale Puls einer Katze beträgt 140-240 Schläge pro Minute, mit einem Durchschnitt von 195. Das ist fast doppelt so schnell wie bei einem Menschen.

• • •

Hauskatzen sind die einzige Spezies, die ihren Schwanz beim Laufen gerade nach oben halten kann.

• • •

Während in vielen Teilen Europas und Nordamerikas die schwarze Katze als Zeichen von Unglück gilt, werden schwarze Katzen in Großbritannien und Australien als Glücksbringer angesehen.

Jedes Jahr werden in den USA etwa 40.000 Menschen von Katzen gebissen.

• • •

Es ist wichtig, viel mit deinem Kätzchen zu spielen, wenn es noch sehr jung ist, damit es keine Angst vor Menschen entwickelt.

• • •

Weibliche Katzen können mit der Paarung beginnen, wenn sie zwischen fünf und neun Monate alt sind.

Alle Hauskatzen haben den gleichen Vorfahren - die Afrikanische Wildkatze - die auch heute noch existiert.

• • •

Katzen können sowohl rechts- als auch links-pfotig sein, genau wie Menschen.

• • •

Katzen sind die einzigen Tiere, die einziehbare Krallen haben.

• • •

Wenn deine Katze schnarcht oder sich umdreht und dir ihren Bauch zeigt, bedeutet das, dass sie dir vertraut.

< **Ein Ragdoll Kätzchen.**

Ein Abessinier-Kätzchen. Sie sind sehr loyal, aber auch sehr anspruchsvoll!

Das altägyptische Wort für Katze war 'mau', was 'sehen' bedeutet.

• • •

Katzen können nicht direkt unter ihrer Nase sehen.

• • •

Kätzchen werden, genau wie Menschen, mit Milchzähnen geboren, die mit etwa sieben Monaten durch bleibende Zähne ersetzt werden.

• • •

Katzen machen zwischen 20 und 40 Atemzüge pro Minute.

Es gibt etwa 100 verschiedene Katzenrassen.

• • •

Katzen können mehr als 20 Jahre alt werden. Im Durchschnitt werden sie jedoch 14 Jahre alt.

• • •

Genau wie Menschen können auch Katzen Asthma bekommen. Staub, Rauch und andere Luftverschmutzungen können deine Katze reizen.

• • •

Katzen, die einen langen, schlanken Körper haben, sind eher kontaktfreudig, während stämmige Katzen eher beschützend und lautstark sind.

Eine Sphinx-Katze oder auch Nacktkatze genannt.

Das Gehirn einer Katze ist dem menschlichen Gehirn ähnlicher als dem Gehirn eines Hundes.

• • •

Katzen miauen selten andere Katzen an, sie miauen nur zu Menschen. Sie spucken, schnurren und fauchen andere Katzen an.

• • •

Die Pilgerväter waren die ersten, die Katzen in Nordamerika einführten.

Ein amerikanischer Bobtail. Sein sehr kurzer Schwanz ist auf eine genetische Mutation zurückzuführen. Der erste Bobtail wurde in den 1960er Jahren in Arizona entdeckt.

Eine Bengalkatze. Sie waren ursprünglich eine Kreuzung mit einer asiatischen Leopardenkatze, was ihnen ihr wildes Aussehen verleiht.

Es gibt circa 40 verschiedene Katzenrassen, die der Gruppe der Hauskatze angehören.

• • •

Eine Katze namens Dusty hatte die meisten Kätzchen - sie bekam 420 in ihrem Leben.

• • •

Eine Katze kostet ihren Besitzer in ihrem Leben ca. 11.000 Euro.

• • •

Fast 10 Prozent der Knochen einer Katze befinden sich in ihrem Schwanz.

Die erste Katzenausstellung der Welt war 1871 in London. Die erste in Amerika war im Jahr 1895.

• • •

Katzen treten mit beiden linken Beinen, dann mit beiden rechten Beinen auf, wenn sie gehen oder laufen.

• • •

Die reichste Katze der Welt war Blackie, der von seinem verstorbenen Besitzer 20 Millionen Dollar geerbt hat.

• • •

Katzen laufen auf ihren Zehen.

Die Zunge von Katzen hat winzige Widerhaken.

• • •

Katzen können keine süßen Dinge schmecken.

• • •

Die meisten Katzen haben keine Wimpern.

• • •

Sei vorsichtig, an welche Pflanzen deine Katze kommt, denn viele sind für sie giftig! Efeu, Lilien, Mistel und Eibe sind alle giftig für Katzen.

Ein Maine-Coon-Kätzchen.

Das ultimative Katzenbuch für Kids

Katzen vergraben ihre Haufen, um ihren Geruch vor Raubtieren zu verbergen.

• • •

Kätzchen werden von ihren Müttern gelehrt, ein Katzenklo zu benutzen, deshalb ist es wichtig, dass sie bei ihren Müttern bleiben, bis sie mindestens neun Wochen alt sind.

Im Gegensatz zu Menschen müssen Katzen nicht regelmäßig blinzeln, um ihre Augen feucht zu halten.

• • •

Einige der furchterregendsten Männer der Geschichte hatten Angst vor Katzen! Julius Cäsar, Karl XI. und Heinrich II. hatten alle eine Phobie vor Katzen.

Eine Perserkatze.

Selbst wenn Katzen schlafen, können sie erkennen, wenn sie berührt werden. Versuche, den Schwanz deiner Katze zu berühren, während sie schläft und du wirst sehen, wie sie zuckt!

• • •

Katzen reagieren eher auf einen Namen, der mit dem Laut "-ie" endet.

• • •

Abraham Lincoln liebte Katzen - er hatte vier von ihnen, die mit ihm im Weißen Haus lebten.

Das ultimative Katzenbuch für Kids

Eine Maine Coon – eine der größten Hauskatzenrassen.

Wenn du zwei Katzen siehst, die zusammen leben und sich die Köpfe reiben, bedeutet das, dass sie sich gegenseitig mitteilen, dass sie nicht vorhaben zu kämpfen.

• • •

Es gibt bis zu 60 Millionen verwilderte Katzen allein in den Vereinigten Staaten.

• • •

Katzen können Krebs bekommen.

• • •

Weiße Katzen sollten es vermeiden, nach draußen in die Sonne zu gehen, da sie eher an Hautkrebs erkranken können.

DAS ULTIMATIVE KATZENBUCH FÜR KIDS

Katzen sind nicht in der Lage, Fett zu produzieren, also müssen sie es über die Nahrung aufnehmen.

• • •

Katzen haben etwa 20.000 Haare pro Quadratzentimeter!

• • •

Katzen können vorhersagen, wann Erdbeben stattfinden werden.

• • •

Es wird vermutet, dass Katzen nicht denken, dass sie kleine Menschen sind, stattdessen sehen sie Menschen als große Katzen!

Katzen sind sehr elegante Tiere und das zeigen sie auch!

Katzen kann man beibringen, an der Leine zu gehen, aber das dauert seine Zeit. Am einfachsten ist es, wenn man mit ihnen im sehr jungen Alter anfängt.

• • •

Im Durchschnitt haben Katzen 24 Schnurrhaare; vier horizontale Reihen auf jeder Seite ihres Gesichts.

Eine Cornish Rex.

Wenn du deine Katze kastrieren lässt, kann das ihre Lebenserwartung um bis zu drei Jahre verlängern. Wissenschaftler sind sich nicht sicher warum, jedoch erforschen sie es im Moment.

• • •

Katzen können ihre Kiefer nicht seitwärts bewegen, weshalb sie keine großen Futterbrocken fressen können. Achte immer darauf, dass das Futter deiner Katze gut zerkleinert ist.

<   Eine Ragdoll Katze

Das ultimative Katzenbuch für Kids

Katzen können etwa 5 Teelöffel Wasser oder (Katzen-) Milch pro Minute trinken.

• • •

Es wird geschätzt, dass etwa 54 Prozent der Katzen in Amerika übergewichtig sind.

• • •

Achte darauf, dass du deine Katze mit gesunder, proteinreicher und fettarmer Nahrung fütterst. Eine typische Katze braucht nur etwa 180-200 Kalorien pro Tag.

• • •

Die drei größten Katzenarten der Welt sind die Savannah Katze, der Maine Coon und die Norwegische Waldkatze.

Eine Norwegische Waldkatze.

Katzen werden biologisch in 2 Gruppen eingeteilt - Großkatzen (wie beispielsweise Löwe, Tiger und Leopard) und Kleinkatzen (wie Wildkatze, Luchs und Ozelot). Sie gehören zu den Katzenartigen Raubtieren.

• • •

Die vorderen Pfoten deiner Katze haben fünf Zehen, während die hinteren Pfoten nur vier haben.

Die wohl bekannteste Katze der Welt ist die schlecht gelaunt schauende "Grumpy Cat". Im Jahr 2012 erlangte sie Kultstatus und wurde zu einem Social Media Star. Bis zu ihrem tot im Jahr 2019 hatte sie rund 8,5 Millionen Likes bei Facebook, 2,4 Millionen Follower bei Instagram sowie 1,5 Millionen Anhänger bei Twitter und mehr als 264.000 Abonnenten bei YouTube.

Eine Bengalkatze.

Katzen können die Ultraschallgeräusche hören, die Mäuse machen, was ihnen bei der Jagd hilft.

• • •

Das Schlüsselbein einer Katze ist nicht mit anderen Knochen verbunden, es ist von Muskeln umgeben. Das macht es für sie einfach, sich durch enge Stellen zu zwängen.

• • •

Katzen haben nur 473 Geschmacksknospen; Menschen haben über 9.000!

• • •

Katzen können am Ton deiner Stimme erkennen, wenn du wütend auf sie bist.

Eine Britisch Langhaar.

Katzen schnurren 26 Mal pro Sekunde, deshalb hörst du einen summenden Ton.

• • •

Wenn Katzen wirklich glücklich sind, kneten sie mit ihren Pfoten.

• • •

Der Weltkatzen-Tag ist jedes Jahr am 8. August.

Das ultimative Katzenbuch für Kids

Katzen können bis zu 15 Mal besser riechen als Menschen.

• • •

Die wohl größte Katze der Welt ist der Maine Coon-Kater Omar. Er ist 1,20 Meter lang und 14 Kilogramm schwer.

• • •

Es gibt auch haarlose Katzen! Man nennt sie Nacktkatzen und sie können in zwei Rassen unterteilt werden: die russische Don Sphinx und die kanadische Sphinx.

Eine schwangere Nacktkatze   >

KATZEN-*Quiz*

Teste nun dein Wissen in einem Quiz! Die Antworten findest du auf Seite 75.

1. Wie viele Zähne hat eine ausgewachsene Katze?

2. Was machen Katzen, wenn sie wirklich glücklich sind?

3. Die Augenfarbe von Katzen ändert sich, wenn sie älter werden. Wahr oder Falsch?

4. Welche Besonderheit besitzen Katzenzungen?

5 Wie viele Haare besitzen Katzen pro Quadratzentimeter?

6 Wer erfand die Katzenklappe?

7 Wie viele Kilometer pro Stunde können Hauskatzen maximal laufen?

8 Warum fressen Katzen Gras?

9 Wie viele Stunden am Tag schläft eine Katze?

10 Können Katzen ihren Kiefer seitwärts bewegen. Wahr oder Falsch?

11 Was machen Katzen, wenn sie schlechte Laune haben?

12 Wie alt ist eine Katze in Menschenjahren, wenn sie 3 Jahre alt ist?

13 Wie ist der offizielle Name für Katzenliebhaber?

14 Katzen können den Unterschied zwischen Grün und Rot erkennen. Wahr oder Falsch?

15 Was ist ein Anzeichen dafür, dass Katzen übergewichtig sind?

16 Wie Groß war die kleinste Katze?

17 Wie hoch können Katzen springen?

18 Das Hör- und Sehvermögen von Katzen entwickelt sich, wenn sie circa zwei Wochen alt sind. Wahr oder Falsch?

ANTWORTEN

1. 30
2. Sie kneten mit ihren Pfoten.
3. Wahr
4. Winzige Widerhaken
5. Etwa 20.000
6. Isaac Newton
7. Circa 46 Kilometer pro Stunde
8. Es hilft ihnen die Nahrung zu verdauen und das Fell in Ihren Mägen zu entfernen
9. Ungefähr 16 Stunden
10. Falsch
11. Sie schlagen mit dem Schwanz
12. 21 Jahre
13. Ailurophile
14. Falsch
15. Wenn du ihre Rippen nicht spüren kannst
16. 7 Zentimeter hoch und 19 Zentimeter lang
17. Bis zu dem siebenfachen ihrer eigenen Höhe
18. Wahr

Katzen WORTSUCHE

A	D	P	Ü	A	D	S	S	Z	Q	W	D
I	F	D	F	Z	Ö	X	C	Q	S	Ä	P
L	Ö	R	E	O	A	S	H	C	G	X	O
U	G	Ä	W	E	T	C	N	X	R	Y	K
R	T	K	A	T	Z	E	U	J	U	T	J
O	Z	F	R	E	Ü	C	R	U	M	R	Ü
P	J	U	N	S	H	Ü	R	Y	P	S	F
H	U	T	N	Q	P	S	E	G	Y	D	G
I	Ä	R	E	G	M	H	N	F	C	Ä	Ö
L	V	E	S	D	E	C	I	D	A	M	D
E	C	K	R	A	L	L	E	N	T	J	S
Ü	X	Ö	M	I	A	U	Y	D	X	C	D

Kannst du alle unten stehenden Wörter im Puzzle links finden?

KATZE   MIAU   GRUMPYCAT

SPHINX   SCHNURREN   AILUROPHILE

PFOTE   KRALLEN   ZUNGE

DAS ULTIMATIVE KATZENBUCH FÜR KIDS

LÖSUNG

A	P				S			
I		F			C			
L			O		H	G		
U				T	N	R		
R		K	A	T	Z	E	U		U
O	Z					R		M
P		U		S		R		P
H			N		P	E		Y
I			G		H	N		C
L				E		I		A
E		K	R	A	L	L	E	N	T
			M	I	A	U		X	

QUELLEN

"Cat - Wikipedia". 2023. En.Wikipedia.Org. https://en.wikipedia.org/wiki/Cat.

"Cat | Breeds & Facts". 2023. Encyclopedia Britannica. https://www.britannica.com/animal/cat.

"50 Cat Facts You Probably Didn't Know". 2019. Georgia Veterinary Associates. https://www.mygavet.com/services/blog/50-cat-facts-you-probably-didnt-know.

"14 Mind-Blowing Facts About Cats | Purina". 2023. Purina.Co.Uk. https://www.purina.co.uk/articles/cats/behaviour/common-questions/fun-facts-about-cats.

"31 Fascinating Cat Facts To Make You The Master Of Feline Trivia ". 2023. Daily Paws. https://www.dailypaws.com/living-with-pets/pet-owner-relationship/facts-about-cats.

"Maine Coon - Wikipedia, La Enciclopedia Libre". 2023. Es.Wikipedia.Org. https://es.wikipedia.org/wiki/Maine_Coon.

"Guide To Cat Breeds". 2023. The Spruce Pets. https://www.thesprucepets.com/cat-breeds-4162123.

"10 Affectionate Cat Breeds You'll Fall In Love With". 2023. The Spruce Pets. https://www.thesprucepets.com/affectionate-cat-breeds-4846595.

"Sphynx Cat | Breed Of Cat". 2023. Encyclopedia Britannica. https://www.britannica.com/animal/Sphynx-cat.

"Abyssinian | Breed Of Cat". 2023. Encyclopedia Britannica. https://www.britannica.com/animal/Abyssinian.

"Scottish Fold Cat | Breed Of Cat". 2023. Encyclopedia Britannica. https://www.britannica.com/animal/Scottish-fold-cat.

Wir hoffen du hast ein paar spannende Fakten über Katzen gelernt!

Folge unserer Autorenseite, um keine der neusten Bucherscheinungen zu verpassen.

DAS ULTIMATIVE KATZENBUCH FÜR KIDS

Auch von Jenny Kellett

... und viele mehr!

Erhältlich in allen bekannten online Buchhandlungen

www.ingramcontent.com/pod-product-compliance
Lightning Source LLC
LaVergne TN
LVHW050136080526
838202LV00061B/6496